بِسْمِ اللَّهِ الرَّحْمَنِ الرَّحِيمِ

Ім'ям Аллага Милостивого,
Милосердного!

ISBN : 9789983978100.

Благородний Коран

Коран — це остання божественна книга, відкрита Пророку Мухаммеду (ﷺ). Це буквальне слово Аллага, Всевишнього, передане Пророку Мухаммеду (ﷺ) через ангела Джібріля (ﷺ).

Коран поділений на 114 розділів, які називаються "Сури". Перша Сура називається Аль-Фатіха. Ці Сури складаються з віршів, які називаються аятами.

Коран був відкритий арабською мовою і не був посланий повністю одразу, а передавався Пророку Мухаммеду (ﷺ) поступово протягом 23 років.

Аллаг (ﷻ) послав Коран усьому людству як остаточне керівництво перед Судним Днем і джерело світла, яке веде нас шляхом праведності та добра, дозволяючи нам жити відповідно до Його волі. Він навчає нас про якості Аллага, зокрема Його милість, любов і співчуття, а також розповідає історії пророків і їхні випробування, щоб допомогти нам подолати життєві труднощі. Ці історії показують, як залишатися непохитними у вірі, проявляти терпіння у випробуваннях і довіряти божественному плану Аллага (ﷻ).

Коран обіцяє Рай як винагороду для праведних віруючих, які зберігають віру та чинять добрі справи, і застерігає невіруючих про наслідки їхнього заперечення та непокори.

Ця книга створена для полегшення читання останніх 20 сур, які переважно використовуються в ісламській молитві. Хоча ці сури є короткими, їх не завжди легко зрозуміти. Ми наполегливо рекомендуємо прочитати весь Коран у його українському перекладі Михайла Якубовича, щоб глибше пізнати ісламську релігію.

Аллаг (ﷻ) говорить у Священному Корані:

"فَإِذَا قَرَأْتَ الْقُرْآنَ فَاسْتَعِذْ بِاللَّهِ مِنَ الشَّيْطَانِ الرَّجِيمِ"

«Коли ж ти читаєш Коран,
то проси захисту в Аллага від проклятого шайтана.»

(Сура Ан-Нахль, 16:98)

Перед читанням Корану Аллаг велить нам шукати Його захисту від Шайтана (диявола), який намагається відволікти нас і відвести від шляху Бога. Для цього слід промовити: "А'узу біЛлагі мін аш-Шайтоні-р-раджім".

Ця мольба допомагає нам залишатися зосередженими та захищеними від нашіптувань Шайтана, що сприяє благодатному читанню Книги Аллага. Важливо вимовляти її на початку кожного сеансу навчання або читання Корану.

Метод навчання

- Прослуховуйте читання (скануючи QR-код камерою телефону) кілька разів, поки не опануєте його вимову.

- Слухайте та повторюйте всю Суру з безперервним читанням, поки не досягнете плавності.

- Після заучування кожного аяту кілька разів повторюйте всю Суру з початку, перш ніж переходити до наступної.

- Повторюйте всі завчені Сури щодня або принаймні двічі на тиждень, якщо запам'ятали багато.

- Розумійте перед тим, як запам'ятовувати (читаючи переклад).

Зміст

سُورَةُالفَاتِحَة СУРА АЛЬ-ФАТІХА 1

سُورَةُ النَّاس СУРА АН-НАС 4

سُورَةُ الفَلَقِ СУРА Аль-Фаляк 7

سُورَةُ الإِخْلَاص СУРА Аль-Іхляс 10

سُورَةُ المَسَد СУРА Аль-Масад 13

سُورَةُ النَّصْر СУРА Ан-Наср 16

سُورَةُ الكَافِرُون СУРА Аль-Кафірун 19

سُورَةُ الكَوْثَر СУРА Аль-Каусар 22

سُورَةُ ٱلمَاعُون СУРА Аль-Маун 25

سُورَةُ قُرَيْش СУРА Курайш 28

سُورَةُ الفِيل СУРА Аль-Філь 31

سُورَةُ الهُمَزَة СУРА Аль-Гумаза 34

سُورَةُ ٱلعَصْرِ СУРА Аль-Аср 37

سُورَةُ ٱلتَّكَاثُر СУРА Ат-Такясур 40

سُورَةُ القَارِعَة СУРА Аль-Каріа 43

سُورَةُ العَادِيَات СУРА Аль-Адіят 46

سُورَةُ الزَلْزَلَة СУРА Аз-Зальзаля 49

سُورَةُ البَيِّنَة СУРА АЛЬ-БЕЙЇНА 52

سُورَةُ القَدْر СУРА АЛЬ-КАДР 58

سُورَةُ العَلَقِ СУРА Аль-Аляк 61

بِسْمِ ٱللَّهِ ٱلرَّحْمَٰنِ ٱلرَّحِيمِ ﴿١﴾

ٱلْحَمْدُ لِلَّهِ رَبِّ ٱلْعَٰلَمِينَ ﴿٢﴾

ٱلرَّحْمَٰنِ ٱلرَّحِيمِ ﴿٣﴾

مَٰلِكِ يَوْمِ ٱلدِّينِ ﴿٤﴾

إِيَّاكَ نَعْبُدُ وَإِيَّاكَ نَسْتَعِينُ ﴿٥﴾

ٱهْدِنَا ٱلصِّرَٰطَ ٱلْمُسْتَقِيمَ ﴿٦﴾

صِرَٰطَ ٱلَّذِينَ أَنْعَمْتَ عَلَيْهِمْ غَيْرِ ٱلْمَغْضُوبِ عَلَيْهِمْ وَلَا ٱلضَّآلِّينَ ﴿٧﴾

سُورَةُالفَاتِحَة
СУРА АЛЬ-ФАТІХА

1:1
Бісміллягі-р-Рахмані-р-Рахім

بِسْمِ اللَّهِ الرَّحْمَنِ الرَّحِيمِ (1)

1:2
Аль-хамду лі-Ллягі Раббі-ль-'аламін

الْحَمْدُ لِلَّهِ رَبِّ الْعَالَمِينَ (2)

1:3
Ар-Рахмані-р-Рахім

الرَّحْمَنِ الرَّحِيمِ (3)

1:4
Малікі йавмі-д-дін

مَالِكِ يَوْمِ الدِّينِ (4)

1:5
Ійяка на'буду ва ійяка наста'ін

إِيَّاكَ نَعْبُدُ وَإِيَّاكَ نَسْتَعِينُ (5)

1:6
Іхдінас-сираталь-мустакім

اهْدِنَا الصِّرَاطَ الْمُسْتَقِيمَ (6)

1:7
Сіратал-лазіна ан'амта 'алейгім гайрі-ль-магдубі 'алейгім ва ла-ддаллін

صِرَاطَ الَّذِينَ أَنْعَمْتَ عَلَيْهِمْ غَيْرِ الْمَغْضُوبِ عَلَيْهِمْ وَلَا الضَّالِّينَ (7)

Арабська

Арабська з повторенн

Скануйте, щоб

послухати Суру

سُورَةُالْفَاتِحَة
АЛЬ-ФАТІХА (ВІДКРИВАЮЧА)

1. Ім'ям Аллага Милостивого, Милосердного!

بِسْمِ اللَّهِ الرَّحْمَنِ الرَّحِيمِ (1)

2. Хвала Аллагу, Господу світів!

الْحَمْدُ لِلَّهِ رَبِّ الْعَالَمِينَ (2)

3. Милостивому, Милосердному!

الرَّحْمَنِ الرَّحِيمِ (3)

4. Царю Судного Дня!

مَالِكِ يَوْمِ الدِّينِ (4)

5. Лише Тобі ми поклоняємося і лише в Тебе просимо допомоги,

إِيَّاكَ نَعْبُدُ وَإِيَّاكَ نَسْتَعِينُ (5)

6. веди нас шляхом прямим,

اهْدِنَا الصِّرَاطَ الْمُسْتَقِيمَ (6)

7. шляхом тих, кого Ти наділив благами, а не тих, хто під гнівом Твоїм, і не тих, хто заблукав!

صِرَاطَ الَّذِينَ أَنْعَمْتَ عَلَيْهِمْ غَيْرِ الْمَغْضُوبِ عَلَيْهِمْ وَلَا الضَّالِّينَ (7)

سُورَةُ النَّاسِ

بِسْمِ اللَّهِ الرَّحْمَنِ الرَّحِيمِ

قُلْ أَعُوذُ بِرَبِّ النَّاسِ ﴿١﴾

مَلِكِ النَّاسِ ﴿٢﴾

إِلَهِ النَّاسِ ﴿٣﴾

مِن شَرِّ الْوَسْوَاسِ الْخَنَّاسِ ﴿٤﴾

الَّذِي يُوَسْوِسُ فِي صُدُورِ النَّاسِ ﴿٥﴾

مِنَ الْجِنَّةِ وَالنَّاسِ ﴿٦﴾

سُورَةُ النَّاس
СУРА АН-НАС

بِسْمِ اللَّهِ الرَّحْمَنِ الرَّحِيم

Бісміллягі-р-Рахмані-р-Рахім

114:1

Куль а'узу бі-Раббі-н-нас

قُلْ أَعُوذُ بِرَبِّ النَّاسِ (1)

114:2

Малікі-н-нас

مَلِكِ النَّاسِ (2)

114:3

Ілахі-н-нас

إِلَهِ النَّاسِ (3)

114:4

Мін шаррі-ль-васвасі-ль-ханнас

مِنْ شَرِّ الْوَسْوَاسِ الْخَنَّاسِ (4)

114:5

Аллазі ювасвісу фі судурі-н-нас

الَّذِي يُوَسْوِسُ فِي صُدُورِ النَّاسِ (5)

114:6

Міна-ль-джіннаті ва-н-нас

مِنَ الْجِنَّةِ وَالنَّاسِ (6)

Арабська

Арабська з повторенн

Скануйте, щоб

послухати Суру

سُورَةُ النَّاس
АН-НАС (ЛЮДИ)

بِسْمِ اللَّهِ الرَّحْمَنِ الرَّحِيم

Ім'ям Аллага Милостивого, Милосердного!

1. Скажи: «Шукаю захисту в Господа людей,	قُلْ أَعُوذُ بِرَبِّ النَّاسِ (1)
2. Володаря людей,	مَلِكِ النَّاسِ (2)
3. Бога людей,	إِلَهِ النَّاسِ (3)
4. від зла спокусника зникаючого,	مِنْ شَرِّ الْوَسْوَاسِ الْخَنَّاسِ (4)
5. який зваблює серця людей,	الَّذِي يُوَسْوِسُ فِي صُدُورِ النَّاسِ (5)
6. від зла джинів і людей».	مِنَ الْجِنَّةِ وَالنَّاسِ (6)

سُورَةُ الْفَلَقِ

بِسۡمِ ٱللَّهِ ٱلرَّحۡمَٰنِ ٱلرَّحِيمِ

قُلۡ أَعُوذُ بِرَبِّ ٱلۡفَلَقِ ۝١

مِن شَرِّ مَا خَلَقَ ۝٢

وَمِن شَرِّ غَاسِقٍ إِذَا وَقَبَ ۝٣

وَمِن شَرِّ ٱلنَّفَّٰثَٰتِ فِي ٱلۡعُقَدِ ۝٤

وَمِن شَرِّ حَاسِدٍ إِذَا حَسَدَ ۝٥

سُورَةُ الفَلَق
СУРА АЛЬ-ФАЛЯК

بِسْمِ اللَّهِ الرَّحْمَنِ الرَّحِيم

Бісміллягі-р-Рахмані-р-Рахім

113:1

Куль а'узу бі-Раббі-ль-фалак

قُلْ أَعُوذُ بِرَبِّ الْفَلَقِ (1)

113:2

Мін шаррі ма халак

مِنْ شَرِّ مَا خَلَقَ (2)

113:3

Ва мін шаррі гасікин іза вакаб

وَمِنْ شَرِّ غَاسِقٍ إِذَا وَقَبَ (3)

113:4

Ва мін шаррі-н-наффасаті фі-ль-'укад

وَمِنْ شَرِّ النَّفَّاثَاتِ فِي الْعُقَدِ (4)

113:5

Ва мін шаррі хасідін іза хасад

وَمِنْ شَرِّ حَاسِدٍ إِذَا حَسَدَ (5)

Арабська

Арабська з повторенн

Скануйте, щоб

послухати Суру

سُورَةُ الْفَلَق
(СВІТАНКОВА ЗОРЯ)

بِسْمِ اللَّهِ الرَّحْمَنِ الرَّحِيم
Ім'ям Аллага Милостивого, Милосердного!

1. Скажи: «Шукаю захисту в Господа світанкової зорі

قُلْ أَعُوذُ بِرَبِّ الْفَلَقِ (1)

2. від зла Його творінь,

مِنْ شَرِّ مَا خَلَقَ (2)

3. і від зла темряви, коли вона настає,

وَمِنْ شَرِّ غَاسِقٍ إِذَا وَقَبَ (3)

4. і від зла чарівниць, що дмухають на вузли,

وَمِنْ شَرِّ النَّفَّاثَاتِ فِي الْعُقَدِ (4)

5. і від зла заздрісника, коли він заздрить».

وَمِنْ شَرِّ حَاسِدٍ إِذَا حَسَدَ (5)

بِسْمِ اللَّهِ الرَّحْمَٰنِ الرَّحِيمِ

قُلْ هُوَ اللَّهُ أَحَدٌ ۝١

اللَّهُ الصَّمَدُ ۝٢

لَمْ يَلِدْ وَلَمْ يُولَدْ ۝٣

وَلَمْ يَكُن لَّهُ كُفُوًا أَحَدٌ ۝٤

سُورَةُ الإِخْلَاص
СУРА АЛЬ-ІХЛЯС

بِسْمِ اللَّهِ الرَّحْمَنِ الرَّحِيم

Бісміллягі-р-Рахмані-р-Рахім

112:1

Куль хува-Ллаху ахад

قُلْ هُوَ اللَّهُ أَحَدٌ (1)

112:2

Аллаху-ссамад

اللَّهُ الصَّمَدُ (2)

112:3

Лям ялід ва лям юляд

لَمْ يَلِدْ وَلَمْ يُولَدْ (3)

112:4

Ва лям якун лягу куфуван ахад

وَلَمْ يَكُنْ لَهُ كُفُوًا أَحَدٌ (4)

Арабська

Арабська з
повторенням дитиною

Скануйте, щоб

послухати Суру

سُورَةُ الإِخْلَاص
(ЧИСТОТА)

بِسْمِ اللَّهِ الرَّحْمَنِ الرَّحِيمِ

Ім'ям Аллага Милостивого, Милосердного!

1. Скажи: «Він — Аллаг — Єдиний,	قُلْ هُوَ اللَّهُ أَحَدٌ (1)
2. Аллаг — Той, до Кого прагнуть,	اللَّهُ الصَّمَدُ (2)
3. не народив і не був народжений,	لَمْ يَلِدْ وَلَمْ يُولَدْ (3)
4. і ніхто не був рівним Йому!»	وَلَمْ يَكُنْ لَهُ كُفُوًا أَحَدٌ (4)

سُورَةُ الْمَسَدِ

بِسْمِ اللَّهِ الرَّحْمَٰنِ الرَّحِيمِ

تَبَّتْ يَدَا أَبِي لَهَبٍ وَتَبَّ ۝١

مَا أَغْنَىٰ عَنْهُ مَالُهُ وَمَا كَسَبَ ۝٢

سَيَصْلَىٰ نَارًا ذَاتَ لَهَبٍ ۝٣

وَامْرَأَتُهُ حَمَّالَةَ الْحَطَبِ ۝٤

فِي جِيدِهَا حَبْلٌ مِّن مَّسَدٍ ۝٥

سُورَةُ المَسَد
СУРА АЛЬ-МАСАД

بِسْمِ اللَّهِ الرَّحْمَنِ الرَّحِيم

Бісміллягі-р-Рахмані-р-Рахім

111:1

Таббат яда Абі Лагабів ва табб

تَبَّتْ يَدَا أَبِي لَهَبٍ وَتَبَّ (1)

111:2

Ма агна ангу малюгу ва ма касаб

مَا أَغْنَى عَنْهُ مَالُهُ وَمَا كَسَبَ (2)

111:3

Саясля наран зата лахаб

سَيَصْلَى نَارًا ذَاتَ لَهَبٍ (3)

111:4

Вамра'атуху хаммалата-ль-хатаб

وَامْرَأَتُهُ حَمَّالَةَ الْحَطَبِ (4)

111:5

Фі джідіха хаблум мін масад

فِى جِيدِهَا حَبْلٌ مِّن مَّسَدٍ (5)

Арабська

Сканyйте, щоб

послухати Суру

Арабська з
повторенн

سُورَةُ المَسَد
(ПАЛЬМОВІ ВОЛОКНА)

بِسْمِ اللَّهِ الرَّحْمَنِ الرَّحِيم

Ім'ям Аллага Милостивого, Милосердного!

1. Нехай згинуть руки Абу Лягаба й він сам!	تَبَّتْ يَدَا أَبِي لَهَبٍ وَتَبَّ (1)
2. Ні багатство його, ні статки його не допоможуть йому.	مَا أَغْنَى عَنْهُ مَالُهُ وَمَا كَسَبَ (2)
3. Увійде він у вогонь палаючий,	سَيَصْلَى نَارًا ذَاتَ لَهَبٍ (3)
4. а дружина його буде носити дрова!	وَامْرَأَتُهُ حَمَّالَةَ الْحَطَبِ (4)
5. А на її шиї — мотузка з волокон пальмових!	فِي جِيدِهَا حَبْلٌ مِّن مَّسَدٍ (5)

سُورَةُ النَّصْرِ

بِسْمِ اللَّهِ الرَّحْمَنِ الرَّحِيمِ

إِذَا جَاءَ نَصْرُ اللَّهِ وَالْفَتْحُ ﴿١﴾

وَرَأَيْتَ النَّاسَ يَدْخُلُونَ فِي دِينِ اللَّهِ أَفْوَاجًا ﴿٢﴾

فَسَبِّحْ بِحَمْدِ رَبِّكَ وَاسْتَغْفِرْهُ إِنَّهُ كَانَ تَوَّابًا ﴿٣﴾

سُورَةُ النَّصْر
СУРА АН-НАСР

بِسْمِ اللَّهِ الرَّحْمَنِ الرَّحِيمِ

Бісміллягі-р-Рахмані-р-Рахім

110:1

Іза джаа насру-Ллахі ва-ль-фатх

إِذَا جَآءَ نَصْرُ اللَّهِ وَالْفَتْحُ (1)

110:2

Ва раайта-н-наса ядхулуна фі діні-Ллахі афваджа

وَرَأَيْتَ النَّاسَ يَدْخُلُونَ فِى دِينِ اللَّهِ أَفْوَاجًا (2)

110:3

Фа саббіх бі-хамді Раббіка ва-стагфіргу іннагу кана тавваба

فَسَبِّحْ بِحَمْدِ رَبِّكَ وَاسْتَغْفِرْهُ إِنَّهُ كَانَ تَوَّابًا (3)

Арабська

Скануйте, щоб

послухати Суру

Арабська з
повторенням дитиною

سُورَةُ النَّصْر

(ДОПОМОГА)

بِسْمِ اللَّهِ الرَّحْمَنِ الرَّحِيمِ

Ім'ям Аллага Милостивого, Милосердного!

1. Коли прийде допомога Аллага та перемога,

إِذَا جَاءَ نَصْرُ اللَّهِ وَالْفَتْحُ (1)

2. і ти побачиш, що люди приймають релігію Аллага натовпами,

وَرَأَيْتَ النَّاسَ يَدْخُلُونَ فِى دِينِ اللَّهِ أَفْوَاجًا (2)

3. то прослав хвалою Господа свого та благай у Нього прощення; воістину, Він — Приймаючий каяття!

فَسَبِّحْ بِحَمْدِ رَبِّكَ وَاسْتَغْفِرْهُ إِنَّهُ كَانَ تَوَّابًا (3)

بِسۡمِ ٱللَّهِ ٱلرَّحۡمَٰنِ ٱلرَّحِيمِ

قُلۡ يَٰٓأَيُّهَا ٱلۡكَٰفِرُونَ ۝١

لَآ أَعۡبُدُ مَا تَعۡبُدُونَ ۝٢

وَلَآ أَنتُمۡ عَٰبِدُونَ مَآ أَعۡبُدُ ۝٣

وَلَآ أَنَا۠ عَابِدٌ مَّا عَبَدتُّمۡ ۝٤

وَلَآ أَنتُمۡ عَٰبِدُونَ مَآ أَعۡبُدُ ۝٥

لَكُمۡ دِينُكُمۡ وَلِيَ دِينِ ۝٦

سُورَةُ الكَافِرُون
СУРА АЛЬ-КАФІРУН

بِسْمِ اللَّهِ الرَّحْمَنِ الرَّحِيم

Бісміллягі-р-Рахмані-р-Рахім

109:1

Куль яа айюха-ль-кафірун

قُلْ يَـٰٓأَيُّهَا ٱلْكَـٰفِرُونَ (1)

109:2

Ля а'буду ма та'будун

لَآ أَعْبُدُ مَا تَعْبُدُونَ (2)

109:3

Ва ля антум 'абідун ма а'буд

وَلَآ أَنتُمْ عَـٰبِدُونَ مَآ أَعْبُدُ (3)

109:4

Ва ля ана 'абідум ма 'абадтум

وَلَآ أَنَا۠ عَابِدٌ مَّا عَبَدتُّمْ (4)

109:5

Ва ля антум 'абідун ма а'буд

وَلَآ أَنتُمْ عَـٰبِدُونَ مَآ أَعْبُدُ (5)

109:6

Лякум дінукум ва лія дін

لَكُمْ دِينُكُمْ وَلِيَ دِينِ (6)

Арабська

Арабська з
повторенням дитиною

Скануйте, щоб

послухати Суру

سُورَةُ الكَافِرُون
(НЕВІРУЮЧІ)

بِسْمِ اللَّهِ الرَّحْمَنِ الرَّحِيم

Ім'ям Аллага Милостивого, Милосердного!

1. Скажи: «О ви, невіруючі!

قُلْ يَٰأَيُّهَا ٱلْكَٰفِرُونَ (1)

2. Я не поклоняюся тому, чому поклоняєтеся ви,

لَآ أَعْبُدُ مَا تَعْبُدُونَ (2)

3. а ви не поклоняєтесь тому, чому я поклоняюся!

وَلَآ أَنتُمْ عَٰبِدُونَ مَآ أَعْبُدُ (3)

4. Я не поклоняюся так, як поклоняєтеся ви,

وَلَآ أَنَا۠ عَابِدٌ مَّا عَبَدتُّمْ (4)

5. а ви не будете поклонятися так, як буду поклонятись я,

وَلَآ أَنتُمْ عَٰبِدُونَ مَآ أَعْبُدُ (5)

6. вам — ваша віра, а мені — моя!»

لَكُمْ دِينُكُمْ وَلِىَ دِينِ (6)

بِسْمِ اللَّهِ الرَّحْمَٰنِ الرَّحِيمِ

إِنَّا أَعْطَيْنَاكَ الْكَوْثَرَ ۝١

فَصَلِّ لِرَبِّكَ وَانْحَرْ ۝٢

إِنَّ شَانِئَكَ هُوَ الْأَبْتَرُ ۝٣

سُورَةُ الكَوْثَر
СУРА АЛЬ-КАУСАР

بِسْمِ اللَّهِ الرَّحْمَنِ الرَّحِيم

Бісміллягі-р-Рахмані-р-Рахім

108:1

Інна а'тайнака-ль-кавсар

إِنَّا أَعْطَيْنَاكَ ٱلْكَوْثَرَ (1)

108:2

Фа саллі лі-Раббіка ванхар

فَصَلِّ لِرَبِّكَ وَٱنْحَرْ (2)

108:3

Інна шаніака хуа-ль-абтар

إِنَّ شَانِئَكَ هُوَ ٱلْأَبْتَرُ (3)

Арабська   Арабська з повторенням дитиною

Скануйте, щоб

послухати Суру

بِسْمِ اللَّهِ الرَّحْمَنِ الرَّحِيمِ

Ім'ям Аллага Милостивого, Милосердного!

1. Воістину, дарували Ми тобі достаток!

إِنَّا أَعْطَيْنَاكَ ٱلْكَوْثَرَ (1)

2. Тож молися Господу своєму та жертвуй!

فَصَلِّ لِرَبِّكَ وَٱنْحَرْ (2)

3. Воістину, той, хто ненавидить тебе — сам безплідний!

إِنَّ شَانِئَكَ هُوَ ٱلْأَبْتَرُ (3)

بِسْمِ ٱللَّهِ ٱلرَّحْمَٰنِ ٱلرَّحِيمِ

أَرَءَيْتَ ٱلَّذِى يُكَذِّبُ بِٱلدِّينِ ﴿١﴾

فَذَٰلِكَ ٱلَّذِى يَدُعُّ ٱلْيَتِيمَ ﴿٢﴾

وَلَا يَحُضُّ عَلَىٰ طَعَامِ ٱلْمِسْكِينِ ﴿٣﴾

فَوَيْلٌ لِّلْمُصَلِّينَ ﴿٤﴾

ٱلَّذِينَ هُمْ عَن صَلَاتِهِمْ سَاهُونَ ﴿٥﴾

ٱلَّذِينَ هُمْ يُرَآءُونَ ﴿٦﴾

وَيَمْنَعُونَ ٱلْمَاعُونَ ﴿٧﴾

سُورَةُ ٱلْمَاعُون
СУРА АЛЬ-МАУН

بِسْمِ اللَّهِ الرَّحْمَنِ الرَّحِيم

Бісміллягі-р-Рахмані-р-Рахім

107:1
Араайта-ллазі юкадзібу бі-ддін

أَرَءَيْتَ ٱلَّذِى يُكَذِّبُ بِٱلدِّينِ (1)

107:2
Фа заліка-ллазі яду"у-ль-ятім

فَذَٰلِكَ ٱلَّذِى يَدُعُّ ٱلْيَتِيمَ (2)

107:3
Ва ля яхудду 'аля та'амі-ль-маскін

وَلَا يَحُضُّ عَلَىٰ طَعَامِ ٱلْمِسْكِينِ (3)

107:4
Фа вайлун лі-ль-мусалін

فَوَيْلٌ لِّلْمُصَلِّينَ (4)

107:5
Аллазіна хум 'ан салатихім сахун

ٱلَّذِينَ هُمْ عَن صَلَاتِهِمْ سَاهُونَ (5)

107:6
Аллазіна хум юраун

ٱلَّذِينَ هُمْ يُرَآءُونَ (6)

107:7
Ва ямна'уна-ль-ма'ун

وَيَمْنَعُونَ ٱلْمَاعُونَ (7)

Арабська

Арабська з
повторенням дитиною

Скануйте, щоб

послухати Суру

سُورَةُ ٱلْمَاعُون
(МИЛОСТИНЯ)

بِسْمِ اللَّهِ الرَّحْمَنِ الرَّحِيمِ

Ім'ям Аллага Милостивого, Милосердного!

1. Чи бачив ти того, хто заперечує Суд?

أَرَءَيْتَ ٱلَّذِى يُكَذِّبُ بِٱلدِّينِ (1)

2. Та це ж той, хто проганяє сироту

فَذَلِكَ ٱلَّذِى يَدُعُّ ٱلْيَتِيمَ (2)

3. і не закликає нагодувати бідного!

وَلَا يَحُضُّ عَلَى طَعَامِ ٱلْمِسْكِينِ (3)

4. Лихо ж тим, які моляться,

فَوَيْلٌ لِّلْمُصَلِّينَ (4)

5. але ставляться до молитов своїх недбало,

ٱلَّذِينَ هُمْ عَن صَلَاتِهِمْ سَاهُونَ (5)

6. які роблять все лише напоказ

ٱلَّذِينَ هُمْ يُرَآءُونَ (6)

7. і відмовляються давати милостиню.

وَيَمْنَعُونَ ٱلْمَاعُونَ (7)

سُورَةُ قُرَيْشٍ

بِسْمِ اللَّهِ الرَّحْمَٰنِ الرَّحِيمِ

لِإِيلَٰفِ قُرَيْشٍ ﴿١﴾

إِۦلَٰفِهِمْ رِحْلَةَ الشِّتَآءِ وَالصَّيْفِ ﴿٢﴾

فَلْيَعْبُدُوا۟ رَبَّ هَٰذَا الْبَيْتِ ﴿٣﴾

الَّذِىٓ أَطْعَمَهُم مِّن جُوعٍ وَءَامَنَهُم مِّنْ خَوْفٍۢ ﴿٤﴾

سُورَةُ قُرَيْش
СУРА КУРАЙШ

بِسْمِ اللَّهِ الرَّحْمَنِ الرَّحِيم

Бісміллягі-р-Рахмані-р-Рахім

106:1

Лі-ілафі Курайш

لِإِيلَفِ قُرَيْشٍ (1)

106:2

Ілафіхім ріхлята-ш-шіта'і ва-ссайф

إِۦلَفِهِمْ رِحْلَةَ ٱلشِّتَآءِ وَٱلصَّيْفِ (2)

106:3

Фалья'буду Рабба газа-ль-Байт

فَلْيَعْبُدُوا۟ رَبَّ هَٰذَا ٱلْبَيْتِ (3)

106:4

Аллазі ат'амахум мін джу'ін ва аманахум мін хаувф

ٱلَّذِي أَطْعَمَهُم مِّن جُوعٍ وَءَامَنَهُم مِّنْ خَوْفٍ (4)

Арабська

Арабська з повторенням дитиною

Скануйте, щоб

послухати Суру

سُورَةُ قُرَيْش
(КУРАЙШИТИ)

بِسْمِ اللَّهِ الرَّحْمَنِ الرَّحِيم

Ім'ям Аллага Милостивого, Милосердного!

1. Заради єднання курайшитів —

لِإِيلَفِ قُرَيْشٍ (1)

2. єднання під час подорожей, влітку та взимку.

إِۦلَفِهِمْ رِحْلَةَ ٱلشِّتَآءِ وَٱلصَّيْفِ (2)

3. Нехай же вони поклоняються Господу цього Дому!

فَلْيَعْبُدُواْ رَبَّ هَٰذَا ٱلْبَيْتِ (3)

4. Адже Він нагодував їх у голодний час і позбавив страху

ٱلَّذِي أَطْعَمَهُم مِّن جُوعٍ وَءَامَنَهُم مِّنْ خَوْفٍ (4)

بِسْمِ اللَّهِ الرَّحْمَنِ الرَّحِيمِ

أَلَمْ تَرَ كَيْفَ فَعَلَ رَبُّكَ بِأَصْحَابِ الْفِيلِ ﴿١﴾

أَلَمْ يَجْعَلْ كَيْدَهُمْ فِي تَضْلِيلٍ ﴿٢﴾

وَأَرْسَلَ عَلَيْهِمْ طَيْرًا أَبَابِيلَ ﴿٣﴾

تَرْمِيهِم بِحِجَارَةٍ مِّن سِجِّيلٍ ﴿٤﴾

فَجَعَلَهُمْ كَعَصْفٍ مَّأْكُولٍ ﴿٥﴾

سُورَةُ الفِيل
СУРА АЛЬ-ФІЛЬ

بِسْمِ اللَّهِ الرَّحْمَنِ الرَّحِيم

Бісміллягі-р-Рахмані-р-Рахім

105:1

Алам тара кайфа фа'ала Раббука бі-асхабі-ль-філь

أَلَمْ تَرَ كَيْفَ فَعَلَ رَبُّكَ بِأَصْحَبِ ٱلْفِيلِ (1)

105:2

Алам ядж'аль кайда-хум фі тадліл

أَلَمْ يَجْعَلْ كَيْدَهُمْ فِى تَضْلِيلٍ (2)

105:3

Ва арсала 'алейхім тайран абабіль

وَأَرْسَلَ عَلَيْهِمْ طَيْرًا أَبَابِيلَ (3)

105:4

Тарміхім бі-хіджаратін мін сіджджіль

تَرْمِيهِم بِحِجَارَةٍ مِّن سِجِّيلٍ (4)

105:5

Фа джа'ала-хум ка'асфін ма'куль

فَجَعَلَهُمْ كَعَصْفٍ مَّأْكُولٍ (5)

Арабська

Арабська з повторенням дитиною

Скануйте, щоб послухати Суру

سُورَةُ الفِيل
(СЛОН)

بِسْمِ اللَّهِ الرَّحْمَنِ الرَّحِيم

Ім'ям Аллага Милостивого, Милосердного!

1. Чи бачив ти, як вчинив Господь твій з власниками слона?

أَلَمْ تَرَ كَيْفَ فَعَلَ رَبُّكَ بِأَصْحَابِ ٱلْفِيلِ (1)

2. Чи Він не зробив їхні хитрощі невдалими?

أَلَمْ يَجْعَلْ كَيْدَهُمْ فِى تَضْلِيلٍ (2)

3. І наслав на них птахів зграями!

وَأَرْسَلَ عَلَيْهِمْ طَيْرًا أَبَابِيلَ (3)

4. Кидали вони в них каміння з обпаленої глини.

تَرْمِيهِم بِحِجَارَةٍ مِّن سِجِّيلٍ (4)

5. І зробив Він їх подібними до ниви сточеної!

فَجَعَلَهُمْ كَعَصْفٍ مَّأْكُولٍ (5)

سُورَةُ الْهُمَزَةِ

بِسْمِ اللَّهِ الرَّحْمَٰنِ الرَّحِيمِ

وَيْلٌ لِّكُلِّ هُمَزَةٍ لُّمَزَةٍ ۝١

الَّذِي جَمَعَ مَالًا وَعَدَّدَهُ ۝٢

يَحْسَبُ أَنَّ مَالَهُ أَخْلَدَهُ ۝٣

كَلَّا ۖ لَيُنبَذَنَّ فِي الْحُطَمَةِ ۝٤

وَمَا أَدْرَاكَ مَا الْحُطَمَةُ ۝٥

نَارُ اللَّهِ الْمُوقَدَةُ ۝٦

الَّتِي تَطَّلِعُ عَلَى الْأَفْئِدَةِ ۝٧

إِنَّهَا عَلَيْهِم مُّؤْصَدَةٌ ۝٨

فِي عَمَدٍ مُّمَدَّدَةٍ ۝٩

Арабська

Арабська з
повторенням дитиною

Скануйте, щоб
послухати Суру

سُورَةُ الهُمَزَة
СУРА АЛЬ-ГУМАЗА

بِسْمِ اللَّهِ الرَّحْمَنِ الرَّحِيم

Бісміллягі-р-Рахмані-р-Рахім

104:1
Вайлун лі куллі хумазатін лумаза

وَيْلٌ لِّكُلِّ هُمَزَةٍ لُّمَزَةٍ (1)

104:2
Аллазі джама'а малан ва 'аддадаху

ٱلَّذِي جَمَعَ مَالًا وَعَدَّدَهُ (2)

104:3
Яхсабу анна маляху ахлядаху

يَحْسَبُ أَنَّ مَالَهُ أَخْلَدَهُ (3)

104:4
Калла ляюнбазанна фі-ль-хутама

كَلَّا لَيُنۢبَذَنَّ فِى ٱلْحُطَمَةِ (4)

104:5
Ва ма адрака ма-ль-хутама

وَمَآ أَدْرَىٰكَ مَا ٱلْحُطَمَةُ (5)

104:6
Нару-Ллахі-ль-мукада

نَارُ ٱللَّهِ ٱلْمُوقَدَةُ (6)

104:7
Аллаті таттали'у 'аля-ль-аф'іда

ٱلَّتِي تَطَّلِعُ عَلَى ٱلْأَفْـِٔدَةِ (7)

104:8
Іннаха 'алейхім му'сада

إِنَّهَا عَلَيْهِم مُّؤْصَدَةٌ (8)

104:9
Фі 'амадін мумаддада

فِي عَمَدٍ مُّمَدَّدَةٍ (9)

سُورَةُ الهُمَزَة

(НАСМІШНИК)

بِسْمِ اللَّهِ الرَّحْمَنِ الرَّحِيم

Ім'ям Аллага Милостивого, Милосердного!

1. Горе кожному насмішнику, наклепнику!

وَيْلٌ لِّكُلِّ هُمَزَةٍ لُّمَزَةٍ (1)

2. Який зібрав багатство та підрахував його!

ٱلَّذِي جَمَعَ مَالًا وَعَدَّدَهُ (2)

3. Думає він, що багатство зробить його безсмертним.

يَحْسَبُ أَنَّ مَالَهُ أَخْلَدَهُ (3)

4. Але ж ні! Істинно, буде він вкинутий у розтрощуюче!

كَلَّا لَيُنۢبَذَنَّ فِى ٱلْحُطَمَةِ (4)

5. А звідки тобі знати, що це — розтрощуюче?

وَمَآ أَدْرَىٰكَ مَا ٱلْحُطَمَةُ (5)

6. Це — вогонь Аллага розпалений,

نَارُ ٱللَّهِ ٱلْمُوقَدَةُ (6)

7. який здіймається над серцями.

ٱلَّتِي تَطَّلِعُ عَلَى ٱلْأَفْئِدَةِ (7)

8. Воістину, він зімкнеться над ними

إِنَّهَا عَلَيْهِم مُّؤْصَدَةٌ (8)

9. на ланцюгах простягнутих.

فِي عَمَدٍ مُّمَدَّدَةٍ (9)

بِسْمِ اللَّهِ الرَّحْمَٰنِ الرَّحِيمِ

وَالْعَصْرِ ﴿١﴾

إِنَّ الْإِنسَٰنَ لَفِى خُسْرٍ ﴿٢﴾

إِلَّا الَّذِينَ ءَامَنُوا
وَعَمِلُوا الصَّٰلِحَٰتِ وَتَوَاصَوْا بِالْحَقِّ وَتَوَاصَوْا بِالصَّبْرِ ﴿٣﴾

سُورَةُ ٱلْعَصْرِ
СУРА АЛЬ-АСР

بِسْمِ اللَّهِ الرَّحْمَنِ الرَّحِيمِ

Бісміллягі-р-Рахмані-р-Рахім

103:1

Ва-ль-'аср

وَٱلْعَصْرِ (1)

103:2

Інна-ль-інсана лафі хуср

إِنَّ ٱلْإِنسَـٰنَ لَفِى خُسْرٍ (2)

103:3

Ілля-ллазіна аману ва 'амілу-ссаліхаті ва тавасау бі-ль-хаккі ва тавасау бі-ссабр

إِلَّا ٱلَّذِينَ ءَامَنُواْ وَعَمِلُواْ ٱلصَّـٰلِحَـٰتِ وَتَوَاصَوْاْ بِٱلْحَقِّ وَتَوَاصَوْاْ بِٱلصَّبْرِ (3)

Арабська   Арабська з повторенням дитиною

Скануйте, щоб послухати Суру

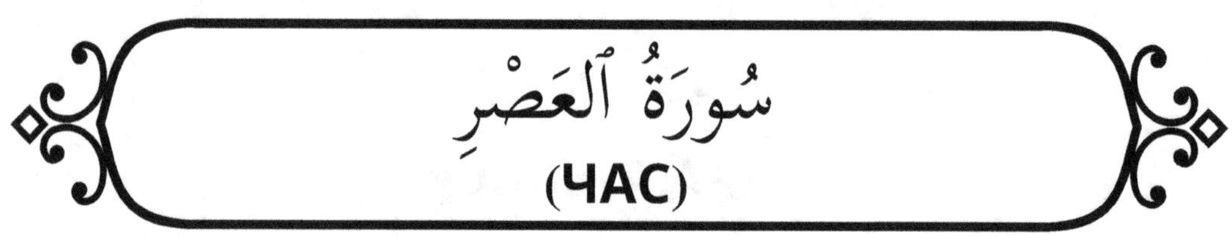

سُورَةُ ٱلْعَصْرِ

(ЧАС)

بِسْمِ اللَّهِ الرَّحْمَنِ الرَّحِيم

Ім'ям Аллага Милостивого, Милосердного!

1. Клянуся часом!

وَٱلْعَصْرِ (1)

2. Воістину, людина зазнає збитків!

إِنَّ ٱلْإِنسَـٰنَ لَفِى خُسْرٍ (2)

3. Окрім тих, які увірували, творили добрі справи, заповідали одне одному істину, заповідали одне одному терпіння!

إِلَّا ٱلَّذِينَ ءَامَنُوٱ وَعَمِلُوٱ ٱلصَّـٰلِحَـٰتِ وَتَوَاصَوْٱ بِٱلْحَقِّ وَتَوَاصَوْٱ بِٱلصَّبْرِ (3)

سُورَةُ التَّكَاثُرِ

بِسْمِ اللَّهِ الرَّحْمَٰنِ الرَّحِيمِ

أَلْهَاكُمُ التَّكَاثُرُ ﴿١﴾

حَتَّىٰ زُرْتُمُ الْمَقَابِرَ ﴿٢﴾

كَلَّا سَوْفَ تَعْلَمُونَ ﴿٣﴾

ثُمَّ كَلَّا سَوْفَ تَعْلَمُونَ ﴿٤﴾

كَلَّا لَوْ تَعْلَمُونَ عِلْمَ الْيَقِينِ ﴿٥﴾

لَتَرَوُنَّ الْجَحِيمَ ﴿٦﴾

ثُمَّ لَتَرَوُنَّهَا عَيْنَ الْيَقِينِ ﴿٧﴾

ثُمَّ لَتُسْأَلُنَّ يَوْمَئِذٍ عَنِ النَّعِيمِ ﴿٨﴾

Арабська		Арабська з повторенням дитиною
	Скануйте, щоб послухати Суру	

سُورَةُ ٱلتَّكَاثُر
СУРА АТ-ТАКЯСУР

بِسْمِ اللَّهِ الرَّحْمَنِ الرَّحِيم

Бісміллягі-р-Рахмані-р-Рахім

102:1
Альхакуму-т-такасуру

أَلْهَٰكُمُ ٱلتَّكَاثُرُ (1)

102:2
Хатта зуртуму-ль-макабір

حَتَّىٰ زُرْتُمُ ٱلْمَقَابِرَ (2)

102:3
Калла сауфа та'ламун

كَلَّا سَوْفَ تَعْلَمُونَ (3)

102:4
Сумма калла сауфа та'ламун

ثُمَّ كَلَّا سَوْفَ تَعْلَمُونَ (4)

102:5
Калла лав та'ламун 'ільма-ль-якін

كَلَّا لَوْ تَعْلَمُونَ عِلْمَ ٱلْيَقِينِ (5)

102:6
Ла-таравунна-ль-джахім

لَتَرَوُنَّ ٱلْجَحِيمَ (6)

102:7
Сумма ла-таравуннаха 'айна-ль-
якін

ثُمَّ لَتَرَوُنَّهَا عَيْنَ ٱلْيَقِينِ (7)

102:8
Сумма ла-тус'алунна йаумайзін
'ані-н-на'ім

ثُمَّ لَتُسْـَٔلُنَّ يَوْمَئِذٍ عَنِ ٱلنَّعِيمِ (8)

سُورَةُ ٱلتَّكَاثُر

(ПРИМНОЖЕННЯ)

بِسْمِ اللَّهِ الرَّحْمَنِ الرَّحِيم

Ім'ям Аллага Милостивого, Милосердного!

1. Вабить вас жадоба до примноження!

أَلْهَىٰكُمُ ٱلتَّكَاثُر (1)

2. Поки не підете ви в могилу.

حَتَّىٰ زُرْتُمُ ٱلْمَقَابِرَ (2)

3. Та ж ні! Скоро дізнаєтеся ви!

كَلَّا سَوْفَ تَعْلَمُونَ (3)

4. І ще раз, ні! Скоро дізнаєтеся ви!

ثُمَّ كَلَّا سَوْفَ تَعْلَمُونَ (4)

5. Та ж ні! Якби ж знали ви знанням
достеменним,

كَلَّا لَوْ تَعْلَمُونَ عِلْمَ ٱلْيَقِينِ (5)

6. що справді побачите ви пекло!

لَتَرَوُنَّ ٱلْجَحِيمَ (6)

7. І ще раз — побачите ви його поглядом
достеменним!

ثُمَّ لَتَرَوُنَّهَا عَيْنَ ٱلْيَقِينِ (7)

8. У той День вас запитають про земні
насолоди!

ثُمَّ لَتُسْأَلُنَّ يَوْمَئِذٍ عَنِ ٱلنَّعِيمِ (8)

سُورَةُ الْقَارِعَةِ

بِسْمِ اللَّهِ الرَّحْمَٰنِ الرَّحِيمِ

ٱلْقَارِعَةُ ﴿١﴾

مَا ٱلْقَارِعَةُ ﴿٢﴾

وَمَآ أَدْرَىٰكَ مَا ٱلْقَارِعَةُ ﴿٣﴾

يَوْمَ يَكُونُ ٱلنَّاسُ كَٱلْفَرَاشِ ٱلْمَبْثُوثِ ﴿٤﴾

وَتَكُونُ ٱلْجِبَالُ كَٱلْعِهْنِ ٱلْمَنفُوشِ ﴿٥﴾

فَأَمَّا مَن ثَقُلَتْ مَوَازِينُهُۥ ﴿٦﴾

فَهُوَ فِي عِيشَةٍ رَّاضِيَةٍ ﴿٧﴾

وَأَمَّا مَنْ خَفَّتْ مَوَازِينُهُۥ ﴿٨﴾

فَأُمُّهُۥ هَاوِيَةٌ ﴿٩﴾

وَمَآ أَدْرَىٰكَ مَا هِيَهْ ﴿١٠﴾

نَارٌ حَامِيَةٌۢ ﴿١١﴾

سُورَةُ القَارِعَة
СУРА АЛЬ-КАРІА

بِسْمِ اللَّهِ الرَّحْمَنِ الرَّحِيم

Ім'ям Аллага Милостивого, Милосердного!

101:1
Аль-Карі'а

أَلْقَارِعَةُ (1)

101:2
Ма-ль-Карі'а

مَا ٱلْقَارِعَةُ (2)

101:3
Ва ма адрака ма-ль-Карі'а

وَمَآ أَدْرَلكَ مَا ٱلْقَارِعَةُ (3)

101:4
Йаумай якуну-н-насу ка-ль-фараші-ль-мабсус

يَوْمَ يَكُونُ ٱلنَّاسُ كَٱلْفَرَاشِ ٱلْمَبْثُوثِ (4)

101:5
Ва такуну-ль-джибалу ка-ль-'іхні-ль-манфуш

وَتَكُونُ ٱلْجِبَالُ كَٱلْعِهْنِ ٱلْمَنفُوشِ (5)

101:6
Фа амма ман сакаулат мавазіруху

فَأَمَّا مَن ثَقُلَتْ مَوَزِينُهُ (6)

101:7
Фа хува фі 'ішатін радія

فَهُوَ فِى عِيشَةٍ رَّاضِيَةٍ (7)

101:8
Ва амма ман хаффат мавазіруху

وَأَمَّا مَنْ خَفَّتْ مَوَزِينُهُ (8)

101:9
Фа уммуху гавія

فَأُمُّهُ هَاوِيَةٌ (9)

101:10
Ва ма адрака ма хія

وَمَآ أَدْرَلكَ مَا هِيَهْ (10)

101:11
Нарун хамія

نَارٌ حَامِيَةٌ (11)

Арабська

Сканyйте, щоб

послухати Суру

Арабська з
повторенням дитиною

سُورَةُ الْقَارِعَةِ

(ЛИХО)

بِسْمِ اللَّهِ الرَّحْمَنِ الرَّحِيمِ

Ім'ям Аллага Милостивого, Милосердного!

1. Лихо!

ٱلْقَارِعَةُ (1)

2. Що ж таке лихо?

مَا ٱلْقَارِعَةُ (2)

3. І звідки знати тобі, що таке лихо?

وَمَآ أَدْرَىٰكَ مَا ٱلْقَارِعَةُ (3)

4. Це — День, коли люди розсіються, наче метелики. 5

يَوْمَ يَكُونُ ٱلنَّاسُ كَٱلْفَرَاشِ ٱلْمَبْثُوثِ (4)

. А гори будуть схожі на вовну розчесану.

وَتَكُونُ ٱلْجِبَالُ كَٱلْعِهْنِ ٱلْمَنفُوشِ (5)

فَأَمَّا مَن ثَقُلَتْ مَوَٰزِينُهُ (6)

6. Тоді той, чия чаша на терезах буде важкою—

فَهُوَ فِى عِيشَةٍ رَّاضِيَةٍ (7)

7. отримає він життя, сповнене задоволення.

وَأَمَّا مَنْ خَفَّتْ مَوَٰزِينُهُ (8)

8. А той, чия чаша на терезах буде легкою —

فَأُمُّهُ هَاوِيَةٌ (9)

9. притулком його буде прірва. 10. А звідки знати тобі, що це таке? 11. Це — вогонь палаючий.

وَمَآ أَدْرَىٰكَ مَا هِيَهْ (10)

نَارٌ حَامِيَةٌ (11)

سُورَةُ الْعَادِيَاتِ

بِسْمِ اللهِ الرَّحْمَٰنِ الرَّحِيمِ

وَالْعَادِيَاتِ ضَبْحًا ﴿١﴾

فَالْمُورِيَاتِ قَدْحًا ﴿٢﴾

فَالْمُغِيرَاتِ صُبْحًا ﴿٣﴾

فَأَثَرْنَ بِهِ نَقْعًا ﴿٤﴾

فَوَسَطْنَ بِهِ جَمْعًا ﴿٥﴾

إِنَّ الْإِنسَانَ لِرَبِّهِ لَكَنُودٌ ﴿٦﴾

وَإِنَّهُ عَلَىٰ ذَٰلِكَ لَشَهِيدٌ ﴿٧﴾

وَإِنَّهُ لِحُبِّ الْخَيْرِ لَشَدِيدٌ ﴿٨﴾

۞ أَفَلَا يَعْلَمُ إِذَا بُعْثِرَ مَا فِي الْقُبُورِ ﴿٩﴾

وَحُصِّلَ مَا فِي الصُّدُورِ ﴿١٠﴾

إِنَّ رَبَّهُم بِهِمْ يَوْمَئِذٍ لَّخَبِيرٌ ﴿١١﴾

Арабська

Сканyйте, щоб

послухати Суру

Арабська з повторенням

سُورَةُ العَادِيَات
СУРА Al-'Adiyat

بِسْمِ اللَّهِ الرَّحْمَنِ الرَّحِيم

Ім'ям Аллага Милостивого, Милосердного!

100:1
Бісміллягі-р-Рахмані-р-Рахім. Ва-ль-'адіяті забха

وَٱلْعَادِيَاتِ ضَبْحًا (1)

100:2
Фа-ль-муріяті кадха

فَٱلْمُورِيَاتِ قَدْحًا (2)

100:3
Фа-ль-мугіряті субха

فَٱلْمُغِيرَاتِ صُبْحًا (3)

100:4
Фа асарна біхі нак'а

فَأَثَرْنَ بِهِۦ نَقْعًا (4)

100:5
Фа васатна біхі джам'а

فَوَسَطْنَ بِهِۦ جَمْعًا (5)

100:6
Інна-ль-інсана лі-Раббіхі лякануд

إِنَّ ٱلْإِنسَانَ لِرَبِّهِۦ لَكَنُودٌ (6)

100:7
Ва іннаху 'аля заліка ля шахід

وَإِنَّهُ عَلَىٰ ذَٰلِكَ لَشَهِيدٌ (7)

100:8
Ва іннаху лі-хуббі-ль-хайрі ля шадід

وَإِنَّهُ لِحُبِّ ٱلْخَيْرِ لَشَدِيدٌ (8)

100:9
Афаля я'ламу іза бу'сіра ма фі-ль-кубур

۞ أَفَلَا يَعْلَمُ إِذَا بُعْثِرَ مَا فِي ٱلْقُبُورِ (9)

100:10
Ва хуссіла ма фі-ссудур

وَحُصِّلَ مَا فِي ٱلصُّدُورِ (10)

100:11
Інна Раббахум бігім йаумайзін ля хабір

إِنَّ رَبَّهُم بِهِمْ يَوْمَئِذٍ لَّخَبِيرٌ (11)

سُورَةُ العَادِيَات
(ТІ, ЩО СКАЧУТЬ)

بِسْمِ اللَّهِ الرَّحْمَنِ الرَّحِيم

Ім'ям Аллага Милостивого, Милосердного!

1. Клянуся тими, що скачуть захекані,	وَٱلْعَٰدِيَٰتِ ضَبْحًا (1)
2. і вибивають іскри,	فَٱلْمُورِيَٰتِ قَدْحًا (2)
3. і нападають удосвіта,	فَٱلْمُغِيرَٰتِ صُبْحًا (3)
4. і підіймають хмари пилу,	فَأَثَرْنَ بِهِۦ نَقْعًا (4)
5. і вриваються в натовп!	فَوَسَطْنَ بِهِۦ جَمْعًا (5)
6. Воістину, невдячна людина перед Господом своїм!	إِنَّ ٱلْإِنسَٰنَ لِرَبِّهِۦ لَكَنُودٌ (6)
7. І, воістину, вона сама тому свідок!	وَإِنَّهُ عَلَىٰ ذَٰلِكَ لَشَهِيدٌ (7)
8. І, воістину, вона надто сильно полюбляє блага!	وَإِنَّهُ لِحُبِّ ٱلْخَيْرِ لَشَدِيدٌ (8)
9. Хіба не знає вона, що коли воскресять тих, хто в могилах,	۞ أَفَلَا يَعْلَمُ إِذَا بُعْثِرَ مَا فِي ٱلْقُبُورِ (9)
10. і коли стане відомим те, що в серцях,	وَحُصِّلَ مَا فِي ٱلصُّدُورِ (10)
11. воістину, в той День Господь твій буде знати все про них?	إِنَّ رَبَّهُم بِهِمْ يَوْمَئِذٍ لَّخَبِيرٌ (11)

بِسْمِ ٱللَّهِ ٱلرَّحْمَٰنِ ٱلرَّحِيمِ

إِذَا زُلْزِلَتِ ٱلْأَرْضُ زِلْزَالَهَا ﴿١﴾

وَأَخْرَجَتِ ٱلْأَرْضُ أَثْقَالَهَا ﴿٢﴾

وَقَالَ ٱلْإِنسَٰنُ مَا لَهَا ﴿٣﴾

يَوْمَئِذٍ تُحَدِّثُ أَخْبَارَهَا ﴿٤﴾

بِأَنَّ رَبَّكَ أَوْحَىٰ لَهَا ﴿٥﴾

يَوْمَئِذٍ يَصْدُرُ ٱلنَّاسُ أَشْتَاتًا لِّيُرَوْاْ أَعْمَٰلَهُمْ ﴿٦﴾

فَمَن يَعْمَلْ مِثْقَالَ ذَرَّةٍ خَيْرًا يَرَهُ ﴿٧﴾

وَمَن يَعْمَلْ مِثْقَالَ ذَرَّةٍ شَرًّا يَرَهُ ﴿٨﴾

سُورَةُ الزَلْزَلَة
СУРА АЗ-ЗАЛЬЗАЛЯ

بِسْمِ اللَّهِ الرَّحْمَنِ الرَّحِيم

Ім'ям Аллага Милостивого, Милосердного!

99:1
Іза зулзилаті-ль-ардзу зільзаляха

إِذَا زُلْزِلَتِ ٱلْأَرْضُ زِلْزَالَهَا (1)

99:2
Ва ахраджаті-ль-ардзу ас'каляха

وَأَخْرَجَتِ ٱلْأَرْضُ أَثْقَالَهَا (2)

99:3
Ва каля-ль-інсану ма ляха

وَقَالَ ٱلْإِنسَـٰنُ مَا لَهَا (3)

99:4
Йаумайзін тухаддісу ахбараха

يَوْمَئِذٍ تُحَدِّثُ أَخْبَارَهَا (4)

99:5
Бі анна Раббака ауха ляха

بِأَنَّ رَبَّكَ أَوْحَىٰ لَهَا (5)

99:6
Йаумайзін йасдуру-н-насу аштатан
ліюрау а'маляхум

يَوْمَئِذٍ يَصْدُرُ ٱلنَّاسُ أَشْتَاتًا لِّيُرَوْا أَعْمَلَهُمْ (6)

99:7
Фа ман я'маль міскаля зарратін
хайран ярагу

فَمَن يَعْمَلْ مِثْقَالَ ذَرَّةٍ خَيْرًا يَرَهُ (7)

99:8
Ва ман я'маль міскаля зарратін
шарран ярагу

وَمَن يَعْمَلْ مِثْقَالَ ذَرَّةٍ شَرًّا يَرَهُ (8)

Арабська

Арабська з
повторенням дитиною

Скануйте, щоб
послухати Суру

سُورَةُ الزَّلْزَلَة

(ЗЕМЛЕТРУС)

بِسْمِ اللَّهِ الرَّحْمَنِ الرَّحِيمِ

Ім'ям Аллага Милостивого, Милосердного!

1. Коли струснеться земля, здригаючись,

إِذَا زُلْزِلَتِ ٱلْأَرْضُ زِلْزَالَهَا (1)

2. і виштовхне з себе те, що в ній є,

وَأَخْرَجَتِ ٱلْأَرْضُ أَثْقَالَهَا (2)

3. то спитає людина: «Що сталося з нею?»

وَقَالَ ٱلْإِنسَـٰنُ مَا لَهَا (3)

4. У той День земля розповість усе, що відомо їй,

يَوْمَئِذٍ تُحَدِّثُ أَخْبَارَهَا (4)

5. бо ж Господь твій відкрив їй те!

بِأَنَّ رَبَّكَ أَوْحَىٰ لَهَا (5)

6. У той День люди вийдуть з могил юрбами, щоб побачити свої вчинки.

يَوْمَئِذٍ يَصْدُرُ ٱلنَّاسُ أَشْتَاتًا لِّيُرَوْا أَعْمَـٰلَهُمْ (6)

7. Хто зробив добра на вагу порошинки — побачить його!

فَمَن يَعْمَلْ مِثْقَالَ ذَرَّةٍ خَيْرًا يَرَهُ (7)

8. Хто зробив зла на вагу порошинки — побачить його!

وَمَن يَعْمَلْ مِثْقَالَ ذَرَّةٍ شَرًّا يَرَهُ (8)

سُورَةُ الْبَيِّنَةِ

بِسْمِ اللَّهِ الرَّحْمَٰنِ الرَّحِيمِ

لَمْ يَكُنِ الَّذِينَ كَفَرُوا مِنْ أَهْلِ الْكِتَٰبِ وَالْمُشْرِكِينَ مُنفَكِّينَ حَتَّىٰ تَأْتِيَهُمُ الْبَيِّنَةُ ﴿١﴾

رَسُولٌ مِّنَ اللَّهِ يَتْلُوا۟ صُحُفًا مُّطَهَّرَةً ﴿٢﴾

فِيهَا كُتُبٌ قَيِّمَةٌ ﴿٣﴾

وَمَا تَفَرَّقَ الَّذِينَ أُوتُوا۟ الْكِتَٰبَ إِلَّا مِنۢ بَعْدِ مَا جَاءَتْهُمُ الْبَيِّنَةُ ﴿٤﴾

وَمَا أُمِرُوا۟ إِلَّا لِيَعْبُدُوا۟ اللَّهَ مُخْلِصِينَ لَهُ الدِّينَ حُنَفَاءَ وَيُقِيمُوا۟ الصَّلَوٰةَ وَيُؤْتُوا۟ الزَّكَوٰةَ وَيُؤْتُوا۟ الزَّكَوٰةَ وَذَٰلِكَ دِينُ الْقَيِّمَةِ ﴿٥﴾

إِنَّ ٱلَّذِينَ كَفَرُواْ مِنْ أَهْلِ ٱلْكِتَٰبِ وَٱلْمُشْرِكِينَ فِى نَارِ جَهَنَّمَ خَٰلِدِينَ فِيهَآ أُوْلَٰٓئِكَ هُمْ شَرُّ ٱلْبَرِيَّةِ ۝٦

إِنَّ ٱلَّذِينَ ءَامَنُواْ وَعَمِلُواْ ٱلصَّٰلِحَٰتِ أُوْلَٰٓئِكَ هُمْ خَيْرُ ٱلْبَرِيَّةِ ۝٧

جَزَآؤُهُمْ عِندَ رَبِّهِمْ جَنَّٰتُ عَدْنٍ تَجْرِى مِن تَحْتِهَا ٱلْأَنْهَٰرُ خَٰلِدِينَ فِيهَآ أَبَدًا رَّضِىَ ٱللَّهُ عَنْهُمْ وَرَضُواْ عَنْهُ ذَٰلِكَ لِمَنْ خَشِىَ رَبَّهُۥ ۝٨

سُورَةُ الْبَيِّنَة
СУРА АЛЬ-БЕЙЇНА

بِسْمِ اللَّهِ الرَّحْمَنِ الرَّحِيمِ

Ім'ям Аллага Милостивого, Милосердного!

98:1

Лям якуні-ллазіна кафару мін
ахлі-ль-китабі ва-ль-мушрікіна
мунфаккіна хатта
та'тіяхуму-ль-байїна

لَمْ يَكُنِ ٱلَّذِينَ كَفَرُوا۟ مِنْ أَهْلِ ٱلْكِتَٰبِ وَٱلْمُشْرِكِينَ مُنفَكِّينَ حَتَّىٰ تَأْتِيَهُمُ ٱلْبَيِّنَةُ (1)

98:2

Расулум мін Аллахі ятлу сухуфан
мутаххара

رَسُولٌ مِّنَ ٱللَّهِ يَتْلُوا۟ صُحُفًا مُّطَهَّرَةً (2)

98:3

Фіха кутубун кайїма

فِيهَا كُتُبٌ قَيِّمَةٌ (3)

98:4

Ва ма тафаррака-ллазіна уту-ль-китаба
ілля мін ба'ді ма джа'атхуму-ль-байїна

وَمَا تَفَرَّقَ ٱلَّذِينَ أُوتُوا۟ ٱلْكِتَٰبَ إِلَّا مِن بَعْدِ مَا جَآءَتْهُمُ ٱلْبَيِّنَةُ (4)

98:5

Ва ма уміру ілля лія'буду-Ллаха
мухлісіна лягу-д-діна хунафа ва юкіму-
ссалата ва ю'ту-ззаката ва заліка діну-
ль-кайїма

وَمَآ أُمِرُوٓا۟ إِلَّا لِيَعْبُدُوا۟ ٱللَّهَ مُخْلِصِينَ لَهُ ٱلدِّينَ حُنَفَآءَ وَيُقِيمُوا۟ ٱلصَّلَوٰةَ وَيُؤْتُوا۟ ٱلزَّكَوٰةَ وَذَٰلِكَ دِينُ ٱلْقَيِّمَةِ (5)

98:6

Інна-ллазіна кафару мін ахлі-ль-китабі ва-ль-мушрікіна фі нарі Джаханнама халідзіна фіха уля'іка хум шарру-ль-бари'я

إِنَّ ٱلَّذِينَ كَفَرُوا۟ مِنْ أَهْلِ ٱلْكِتَـٰبِ وَٱلْمُشْرِكِينَ فِى نَارِ جَهَنَّمَ خَـٰلِدِينَ فِيهَآ ۚ أُو۟لَـٰٓئِكَ هُمْ شَرُّ ٱلْبَرِيَّةِ (6)

98:7

Інна-ллазіна аману ва 'амілу-с-саліхати уля'іка хум хайру-ль-бари'я

إِنَّ ٱلَّذِينَ ءَامَنُوا۟ وَعَمِلُوا۟ ٱلصَّـٰلِحَـٰتِ أُو۟لَـٰٓئِكَ هُمْ خَيْرُ ٱلْبَرِيَّةِ (7)

98:8

Джазаухум 'инда Раббіхім джаннату 'аднін таджрі мін та'ттіха-ль-анхар халідзіна фіха абада, радія-Ллаху 'анхум ва раду 'анх, заліка лі ман хашія Раббаху

جَزَآؤُهُمْ عِندَ رَبِّهِمْ جَنَّـٰتُ عَدْنٍ تَجْرِى مِن تَحْتِهَا ٱلْأَنْهَـٰرُ خَـٰلِدِينَ فِيهَآ أَبَدًا ۖ رَّضِىَ ٱللَّهُ عَنْهُمْ وَرَضُوا۟ عَنْهُ ۚ ذَٰلِكَ لِمَنْ خَشِىَ رَبَّهُۥ (8)

Арабська

Арабська з повторенням дитиною

Скануйте, щоб послухати Суру

سُورَةُ البَيِّنَة
(ЯСНИЙ ДОКАЗ)

بِسْمِ اللَّهِ الرَّحْمَنِ الرَّحِيمِ

Ім'ям Аллага Милостивого, Милосердного!

1. Не відмовилися від невір'я ті з людей Писання й багатобожників, які не увірували, поки не прийшов до них ясний доказ —

لَمْ يَكُنِ ٱلَّذِينَ كَفَرُوا۟ مِنْ أَهْلِ ٱلْكِتَٰبِ وَٱلْمُشْرِكِينَ مُنفَكِّينَ حَتَّىٰ تَأْتِيَهُمُ ٱلْبَيِّنَةُ (1)

2. Посланець від Аллага, який читає пречисті сувої.

رَسُولٌ مِّنَ ٱللَّهِ يَتْلُوا۟ صُحُفًا مُّطَهَّرَةً (2)

3. У них містяться правдиві писання.

فِيهَا كُتُبٌ قَيِّمَةٌ (3)

4. Ті ж, кому було дано Писання, розійшлися одне з одним, після того, як прийшов до них ясний доказ.

وَمَا تَفَرَّقَ ٱلَّذِينَ أُوتُوا۟ ٱلْكِتَٰبَ إِلَّا مِنۢ بَعْدِ مَا جَآءَتْهُمُ ٱلْبَيِّنَةُ (4)

5. А їм не було ніякого наказу, окрім поклоніння Аллагу, щирого служіння Йому, молитви та сплати закяту — ось правильна релігія!

وَمَآ أُمِرُوٓا۟ إِلَّا لِيَعْبُدُوا۟ ٱللَّهَ مُخْلِصِينَ لَهُ ٱلدِّينَ حُنَفَآءَ وَيُقِيمُوا۟ ٱلصَّلَوٰةَ وَيُؤْتُوا۟ ٱلزَّكَوٰةَ وَذَٰلِكَ دِينُ ٱلْقَيِّمَةِ (5)

6. Воістину, ті з людей Писання й багатобожників, які не увірували, опиняться у вогні геєни, де будуть вічно. Вони — найгірші з творінь.

إِنَّ ٱلَّذِينَ كَفَرُوا۟ مِنْ أَهْلِ ٱلْكِتَـٰبِ وَٱلْمُشْرِكِينَ فِى نَارِ جَهَنَّمَ خَـٰلِدِينَ فِيهَآ أُو۟لَـٰٓئِكَ هُمْ شَرُّ ٱلْبَرِيَّةِ (6)

7. Воістину, ті, які увірували й творили добрі справи, вони — найкращі з творінь.

إِنَّ ٱلَّذِينَ ءَامَنُوا۟ وَعَمِلُوا۟ ٱلصَّـٰلِحَـٰتِ أُو۟لَـٰٓئِكَ هُمْ خَيْرُ ٱلْبَرِيَّةِ (7)

8. Нагорода їм у їхнього Господа — сади вічності, в яких течуть ріки. Вони будуть там вічно. Аллаг буде задоволений ними, а вони будуть задоволені Ним. Це — для тих, які бояться свого Господа!

جَزَآؤُهُمْ عِندَ رَبِّهِمْ جَنَّـٰتُ عَدْنٍ تَجْرِي مِن تَحْتِهَا ٱلْأَنْهَـٰرُ خَـٰلِدِينَ فِيهَآ أَبَدًا رَّضِيَ ٱللَّهُ عَنْهُمْ وَرَضُوا۟ عَنْهُ ذَٰلِكَ لِمَنْ خَشِيَ رَبَّهُ (8)

بِسْمِ اللهِ الرَّحْمَنِ الرَّحِيمِ

إِنَّا أَنزَلْنَاهُ فِي لَيْلَةِ الْقَدْرِ ﴿١﴾

وَمَا أَدْرَاكَ مَا لَيْلَةُ الْقَدْرِ ﴿٢﴾

لَيْلَةُ الْقَدْرِ خَيْرٌ مِّنْ أَلْفِ شَهْرٍ ﴿٣﴾

تَنَزَّلُ الْمَلَائِكَةُ وَالرُّوحُ فِيهَا

بِإِذْنِ رَبِّهِم مِّن كُلِّ أَمْرٍ ﴿٤﴾

سَلَامٌ هِيَ حَتَّىٰ مَطْلَعِ الْفَجْرِ ﴿٥﴾

سُورَةُ القَدْر
СУРА АЛЬ-КАДР

بِسْمِ اللَّهِ الرَّحْمَنِ الرَّحِيم

Ім'ям Аллага Милостивого, Милосердного!

97:1

Інна анзалнаху фі лайляті-ль-кадр

إِنَّآ أَنزَلْنَاهُ فِى لَيْلَةِ ٱلْقَدْرِ (1)

97:2

Ва ма адрака ма лайляту-ль-кадр

وَمَآ أَدْرَلكَ مَا لَيْلَةُ ٱلْقَدْرِ (2)

97:3

Лайляту-ль-кадр хайрун мін альфі шахр

لَيْلَةُ ٱلْقَدْرِ خَيْرٌ مِّنْ أَلْفِ شَهْرٍ (3)

97:4

Таназзалю-ль-маля'ікату ва-р-руху фіха
бі ізні Раббіхім мін куллі амр

تَنَزَّلُ ٱلْمَلَئِكَةُ وَٱلرُّوحُ فِيهَا بِإِذْنِ رَبِّهِم مِّن كُلِّ أَمْرٍ (4)

97:5

Салямун хія хатта матла'ı-ль-фаджр

سَلَمٌ هِيَ حَتَّىٰ مَطْلَعِ ٱلْفَجْرِ (5)

Арабська

Сканyйте, щоб
послухати Суру

Арабська з
повторенням дитиною

سُورَةُ القَدْر
(ВЕЛИЧНІСТЬ)

بِسْمِ اللَّهِ الرَّحْمَنِ الرَّحِيم

Ім'ям Аллага Милостивого, Милосердного!

1. Воістину, зіслали Ми його в Ніч Величності.

إِنَّآ أَنزَلْنَٰهُ فِى لَيْلَةِ ٱلْقَدْرِ (1)

2. А звідки тобі знати, що таке Ніч Величності?

وَمَآ أَدْرَىٰكَ مَا لَيْلَةُ ٱلْقَدْرِ (2)

3. Ніч Величності краща за тисячу місяців!

لَيْلَةُ ٱلْقَدْرِ خَيْرٌ مِّنْ أَلْفِ شَهْرٍ (3)

4. Сходять під час неї ангели й Дух з дозволу Господа їхнього, щоб виконати всі накази.

تَنَزَّلُ ٱلْمَلَٰئِكَةُ وَٱلرُّوحُ فِيهَا بِإِذْنِ رَبِّهِم مِّن كُلِّ أَمْرٍ (4)

5. Вона є мирною до настання зорі.

سَلَٰمٌ هِيَ حَتَّىٰ مَطْلَعِ ٱلْفَجْرِ (5)

سُورَةُ العَلَقِ

بِسْمِ اللَّهِ الرَّحْمَنِ الرَّحِيمِ

اقْرَأْ بِٱسْمِ رَبِّكَ ٱلَّذِى خَلَقَ ۝١

خَلَقَ ٱلْإِنسَٰنَ مِنْ عَلَقٍ ۝٢

ٱقْرَأْ وَرَبُّكَ ٱلْأَكْرَمُ ۝٣

ٱلَّذِى عَلَّمَ بِٱلْقَلَمِ ۝٤

عَلَّمَ ٱلْإِنسَٰنَ مَا لَمْ يَعْلَمْ ۝٥

كَلَّآ إِنَّ ٱلْإِنسَٰنَ لَيَطْغَىٰٓ ۝٦

أَن رَّءَاهُ ٱسْتَغْنَىٰٓ ۝٧

إِنَّ إِلَىٰ رَبِّكَ ٱلرُّجْعَىٰٓ ۝٨

أَرَءَيْتَ ٱلَّذِى يَنْهَىٰ ۝٩

عَبْدًا إِذَا صَلَّىٰ ۝١٠

أَرَءَيْتَ إِن كَانَ عَلَى ٱلْهُدَىٰٓ ۝١١

أَوْ أَمَرَ بِٱلتَّقْوَىٰٓ ۝١٢

أَرَءَيْتَ إِن كَذَّبَ وَتَوَلَّىٰٓ ۝١٣

أَلَمْ يَعْلَم بِأَنَّ ٱللَّهَ يَرَىٰ ۝١٤

كَلَّا لَئِن لَّمْ يَنتَهِ لَنَسْفَعًۢا بِٱلنَّاصِيَةِ ۝١٥

نَاصِيَةٍ كَٰذِبَةٍ خَاطِئَةٍ ۝١٦

فَلْيَدْعُ نَادِيَهُۥ ۝١٧

سَنَدْعُ ٱلزَّبَانِيَةَ ۝١٨

كَلَّا لَا تُطِعْهُ وَٱسْجُدْ وَٱقْتَرِب ۩ ۝١٩

سُورَةُ العَلَق
СУРА АЛЬ-КАДР

بِسْمِ اللَّهِ الرَّحْمَنِ الرَّحِيم

Ім'ям Аллага Милостивого, Милосердного!

96:1
 Іккра' бі-ісмі Раббіка-ллазі халак

أَقْرَأْ بِٱسْمِ رَبِّكَ ٱلَّذِي خَلَقَ (1)

96:2
Халака-ль-інсана мін 'аляк

خَلَقَ ٱلْإِنسَٰنَ مِنْ عَلَقٍ (2)

96:3
Іккра' ва Раббука-ль-акрам

ٱقْرَأْ وَرَبُّكَ ٱلْأَكْرَمُ (3)

96:4
Аллазі 'аллама бі-ль-калям

ٱلَّذِي عَلَّمَ بِٱلْقَلَمِ (4)

96:5
'Аллама-ль-інсана ма лям я'лам

عَلَّمَ ٱلْإِنسَٰنَ مَا لَمْ يَعْلَمْ (5)

96:6
Калла інна-ль-інсана ля-йатга

كَلَّا إِنَّ ٱلْإِنسَٰنَ لَيَطْغَىٰ (6)

96:7
Ан рааху-стагна

أَن رَّءَاهُ ٱسْتَغْنَىٰ (7)

96:8
Інна іля Раббіка-р-руджа

إِنَّ إِلَىٰ رَبِّكَ ٱلرُّجْعَىٰ (8)

96:9
Араайта-ллазі йанха

أَرَءَيْتَ ٱلَّذِي يَنْهَىٰ (9)

96:10
'Абдан іза салла

أَرَءَيْتَ إِن كَانَ عَلَى ٱلْهُدَىٰٓ (10)

96:11
Араайта ін кана 'аля-ль-худа

أَرَءَيْتَ إِن كَانَ عَلَى ٱلْهُدَىٰٓ (11)

96:12
Ау амара бі-тткава

أَوْ أَمَرَ بِٱلتَّقْوَىٰٓ (12)

96:13
Араайта ін каззаба ва тавалла

أَرَءَيْتَ إِن كَذَّبَ وَتَوَلَّىٰٓ (13)

96:14
Алам йа'лам бі анна-Ллаха йара

أَلَمْ يَعْلَم بِأَنَّ ٱللَّهَ يَرَىٰ (14)

96:15
Калла ла'ін лам янтагі
ланасфа'ам бі-н-насія

كَلَّا لَئِن لَّمْ يَنتَهِ لَنَسْفَعًۢا بِٱلنَّاصِيَةِ (15)

96:16
Насіятін казібатін хатіа

نَاصِيَةٍ كَٰذِبَةٍ خَاطِئَةٍ (16)

96:17
Фальйад'у надія

فَلْيَدْعُ نَادِيَهُ (17)

96:18
Санад'у-з-забанія

سَنَدْعُ ٱلزَّبَانِيَةَ (18)

96:19
Калла ла тути'ху ва-сджуд ва-
ктарабі

كَلَّا لَا تُطِعْهُ وَٱسْجُدْ وَٱقْتَرِب ۩ (19)

سُورَةُ العَلَق
(ЗГУСТОК)

بِسْمِ اللَّهِ الرَّحْمَنِ الرَّحِيمِ

Ім'ям Аллага Милостивого, Милосердного!

1. Читай! Ім'ям Господа твого, Який створив,

أَقْرَأْ بِٱسْمِ رَبِّكَ ٱلَّذِي خَلَقَ (1)

2. створив людину зі згустку крові!

خَلَقَ ٱلْإِنسَٰنَ مِنْ عَلَقٍ (2)

3. Читай! І Господь твій — Найщедріший,

ٱقْرَأْ وَرَبُّكَ ٱلْأَكْرَمُ (3)

4. Який навчив письма пером.

ٱلَّذِي عَلَّمَ بِٱلْقَلَمِ (4)

5. Навчив людину того, чого вона не знала.

عَلَّمَ ٱلْإِنسَٰنَ مَا لَمْ يَعْلَمْ (5)

6. Але ж ні! Порушує людина межі,

كَلَّآ إِنَّ ٱلْإِنسَٰنَ لَيَطْغَىٰٓ (6)

7. коли здається їй, що вона не потребує нічого.

أَن رَّءَاهُ ٱسْتَغْنَىٰٓ (7)

8. Воістину, до Господа твого повернення!

إِنَّ إِلَىٰ رَبِّكَ ٱلرُّجْعَىٰٓ (8)

9. Чи бачив ти того, який заважає

أَرَءَيْتَ ٱلَّذِي يَنْهَىٰ (9)

10. рабу Нашому молитися?

عَبْدًا إِذَا صَلَّىٰٓ (10)

11. Як ти вважаєш — а раптом він був на праведному шляху

أَرَءَيْتَ إِن كَانَ عَلَى ٱلْهُدَىٰٓ (11)

12. та закликав до богобоязливості?

أَوْ أَمَرَ بِٱلتَّقْوَىٰٓ (12)

13. Як ти вважаєш — а якщо він сприйняв правду за оману та й відвернувся,

أَرَءَيْتَ إِن كَذَّبَ وَتَوَلَّىٰٓ (13)

14. то чи не знав він, що Аллаг бачить його?

أَلَمْ يَعْلَم بِأَنَّ ٱللَّهَ يَرَىٰ (14)

15. Але ж ні! Якщо він не зупиниться, Ми схопимо його за чуб,

كَلَّا لَئِن لَّمْ يَنتَهِ لَنَسْفَعًا بِٱلنَّاصِيَةِ (15)

16. чуб брехливий, грішний!

نَاصِيَةٍ كَٰذِبَةٍ خَاطِئَةٍ (16)

17. Нехай кличе своїх захисників!

فَلْيَدْعُ نَادِيَهُ (17)

18. Ми ж покличемо вартових пекла!

سَنَدْعُ ٱلزَّبَانِيَةَ (18)

19. Але ж ні, не корися йому, а вклонися низько Господу й наближайся до Нього!

كَلَّا لَا تُطِعْهُ وَٱسْجُدْ وَٱقْتَرِب (19)

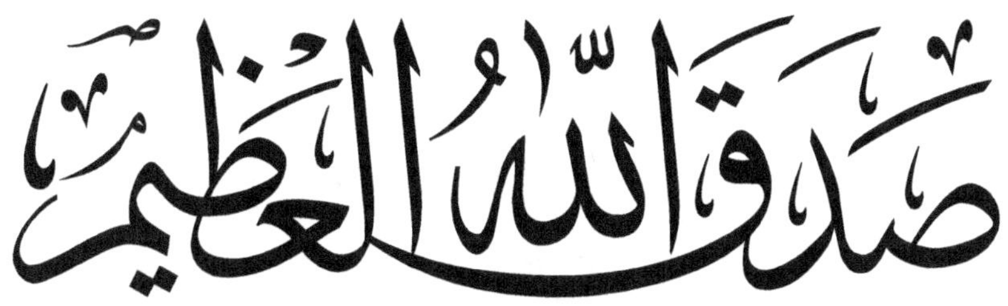